CONTENIDO

Introducción... 1

Módulo 1: El Equilibrio Entre Vida y
Negocio... 2

Módulo 2: Gestión del Tiempo en la
Repostería... 6

Módulo 3: Organización del Negocio de
Repostería.. 11

Módulo 4: Estrategias para Mantener la
Creatividad y la
Motivación.. 15

Módulo 5: Cómo Delegar y Crear una Red
de Apoyo.. 22

Módulo 6: Bienestar Personal para
Emprendedores....................................... 28

Módulo 7: Plan de Acción......................... 32

¡Hola y bienvenidos a Nana Factory!

Desde que decidí iniciar este proyecto, he aprendido que ser emprendedora en repostería es un camino lleno de desafíos, pero también de grandes recompensas. En Nana Factory, más que solo postres, buscamos crear experiencias que reflejen la pasión y el amor por lo que hacemos. Aunque el camino no siempre es fácil, perseguir este sueño ha sido una de las decisiones más hermosas que he tomado. Cada pastel, cada receta, cada sonrisa de un cliente nos recuerda por qué vale la pena seguir adelante. Así que gracias por ser parte de esta aventura y por apoyarnos en cada paso. ¡Bienvenidos a Nana Factory, donde la dulzura y el esfuerzo van de la mano!

INTRODUCCIÓN

Ser emprendedor en repostería puede consumir todo tu tiempo entre la cocina, los clientes y las entregas. Sin embargo, el éxito no solo depende de cuánto trabajes, sino de cómo equilibres tu negocio y tu vida personal. Este ebook está diseñado para ayudarte a encontrar ese balance, permitiéndote disfrutar de tu pasión por la repostería sin descuidar los momentos importantes con tus seres queridos. A través de módulos prácticos, te proporcionará herramientas como ejercicios, calendarios y actividades que te guiarán a organizar mejor tu tiempo, establecer prioridades, y gestionar tanto tu negocio como tu vida personal de manera eficiente y equilibrada.

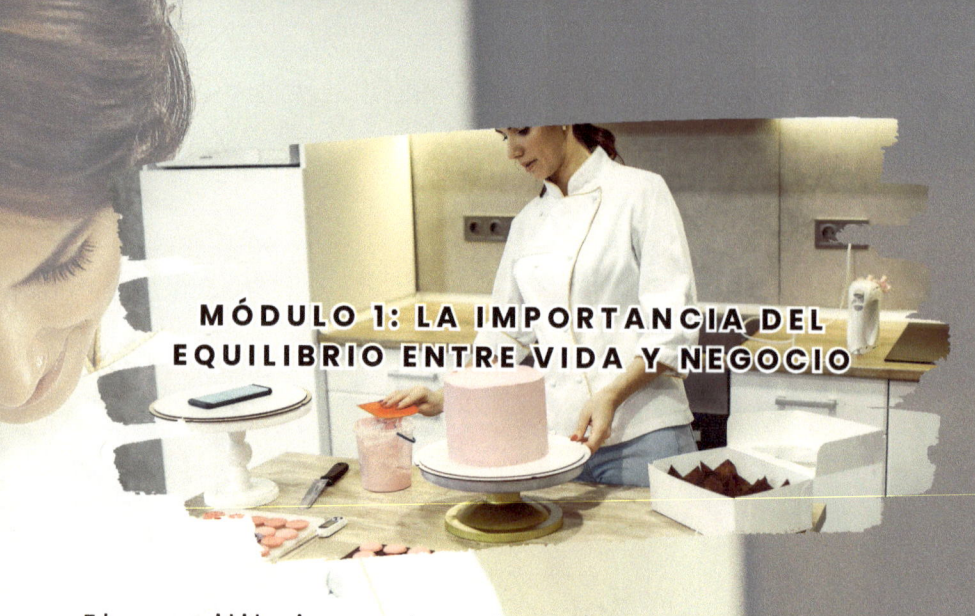

MÓDULO 1: LA IMPORTANCIA DEL EQUILIBRIO ENTRE VIDA Y NEGOCIO

El equilibrio entre tu vida personal y tu negocio no es solo un lujo, es una necesidad para mantener tu bienestar físico, mental y emocional. Cuando no existe un balance, es fácil caer en la trampa de trabajar en exceso, lo que puede llevar al agotamiento y a sentir que nunca es suficiente. El estrés crónico y la falta de tiempo para ti misma pueden afectar no solo tu rendimiento, sino también tus relaciones personales y tu salud. Encontrar un **equilibrio** te permite <u>dedicar el tiempo necesario tanto a tu negocio como a ti misma y a tus seres queridos</u>, lo que a largo plazo fortalece ambas áreas. Al aprender a dividir correctamente tus energías, mejorarás tanto en el ámbito personal como en el profesional, logrando una **vida más plena** y satisfactoria.

Beneficios de una vida organizada:

Reducción de Estrés:

Cuando tu vida está organizada, **tienes un plan claro** y sabes qué hacer y cuándo hacerlo, lo que reduce la sensación de estar abrumada. En lugar de preocuparte por tareas pendientes o fechas límite, puedes concentrarte en cumplir tus objetivos con calma y confianza.

Mayor Productividad:

La organización también te permite ser más productiva, porque no pierdes tiempo en tareas innecesarias o tratando de recordar qué debes hacer a continuación. Al tener un sistema, como una **planificación diaria** o semanal, puedes priorizar las tareas más importantes y enfocarte en ellas primero. Esto te ayuda a cumplir con tus metas más rápido y a aprovechar mejor tu tiempo.

Satisfacción Personal:

Al organizar tanto tu vida personal como tu negocio, puedes asegurarte de que no estás sacrificando una parte esencial de tu vida por la otra. Cumplir con tus objetivos y tener tiempo para ti misma genera una sensación de satisfacción y logro, lo que mejora tu bienestar emocional. Sentirte en **control de tu tiempo** y de tu negocio te da una mayor sensación de éxito y te permite disfrutar más de tus logros.

Ejemplo: Ana, una emprendedora de repostería, estaba agotada por intentar hacer todo ella misma. Decidió hacer una lista de las áreas de su vida que más estrés le causaban y dividirlas entre personal y profesional. Con esta claridad, comenzó a priorizar lo más importante.

Ejercicio práctico 1: "Identifica tus prioridades"

Enlista tus 3 prioridades personales y 3 profesionales.

Establece un objetivo claro para cada prioridad.

MÓDULO 2: GESTIÓN DEL TIEMPO EN LA REPOSTERÍA

Organizar tu tiempo de manera efectiva implica utilizar **técnicas** como los **bloques de tiempo,** <u>donde divides tu día en segmentos dedicados a tareas específicas.</u> Esto te permite enfocarte en una actividad a la vez, evitando distracciones y mejorando tu productividad. Además, es importante establecer un **horario flexible** que se ajuste tanto a las demandas de tu negocio como a tus necesidades personales. Esto <u>te da la libertad de adaptarte a imprevistos sin sentirte abrumada</u>, asegurando que cumplas con tus responsabilidades sin sacrificar tu bienestar. La **clave** está en **priorizar las tareas esenciales** y dejar espacio para descansos y tiempo personal.

Cómo gestionar el tiempo de manera efectiva: Herramientas y técnicas para organizar tu día

Gestionar el tiempo de manera eficiente es clave para cualquier emprendedor, y existen herramientas y técnicas que pueden ayudarte a lograrlo. Aplicaciones como Google Calendar son ideales para organizar tareas diarias, programar recordatorios, y asignar tiempos específicos a cada actividad. Además, la **técnica Pomodoro**, que consiste en trabajar en bloques de 25 minutos con breves descansos, es muy útil para mantener la concentración. Establecer una lista de tareas cada mañana y ordenarlas por prioridad te permitirá tener un control claro de tu día y optimizar el tiempo dedicado a cada proyecto.

El poder de la planificación semanal: Diseñando un horario de trabajo flexible para emprendedores

La planificación semanal te permite tener una visión más amplia de tus tareas y proyectos, y crear un horario que se ajuste a tus necesidades. Dedicar un momento al principio de cada semana para organizar tus actividades te ayuda a ser más eficiente y evitar el caos de la improvisación. Es importante que este **horario** sea **flexible**, ya que como emprendedor pueden surgir imprevistos. Al tener un esquema general, puedes adaptarte mejor a los cambios sin perder de vista tus prioridades. Un **buen plan semanal** incluye tiempo para la producción, administración, marketing, y descansos para mantener un equilibrio entre productividad y bienestar.

Tareas clave vs. tareas secundarias: Cómo evitar la procrastinación y enfocarte en lo que realmente importa

Distinguir entre tareas clave y tareas secundarias es fundamental para evitar la procrastinación y asegurar que trabajes en lo que realmente genera valor en tu negocio. Las **tareas clave** son aquellas que tienen un impacto directo en tu éxito, como <u>cumplir con pedidos o diseñar nuevas recetas</u>, mientras que las **tareas secundarias** pueden ser cosas menos urgentes o delegables, <u>como revisar correos o redes sociales.</u> Para mantener el enfoque, es recomendable empezar el día con las tareas clave, cuando tu energía y concentración están en su punto más alto. <u>Priorizar lo importante y dejar lo secundario para después te ayudará a avanzar de manera más efectiva en tus metas.</u>

Ejemplo: Carla utiliza una técnica de bloques de tiempo para organizar su día. Por las mañanas, trabaja en pedidos y, por las tardes, se enfoca en la administración de su negocio. Este enfoque le ha permitido ser más productiva y tener tiempo libre.

Día	Preparación de pedidos	Tareas Administrativas	Descanso	Revisión y ajustes
Lunes	9:00am-1:00pm	4:00pm-5:00pm (Planificación)	7:00pm-9:00pm	——
Martes	10:00am-1:00pm	4:00pm-5:00pm	7:00pm-9:00pm	——
Miércoles	9:00am-1:00pm	4:00pm-5:00pm (Inventario)	7:00pm-9:00pm	——
Jueves	9:00am-2:00pm	3:00pm-4:00pm	7:00pm-9:00pm	——
Viernes	9:00am-1:00pm	4:00pm-5:00pm (Finanzas)	7:00pm-9:00pm	——
Sábado	10:00 am-12:00 pm (entregas)	——	1:00pm-3:00pm	——
Domingo	——	——	Día libre	5:00pm-6:00pm (Revisión)

Explicación del Horario

Preparación de Pedidos: En bloques de tiempo específicos cada día (mayormente por la mañana), se dedica a la preparación de pedidos para mantener el flujo de producción.

Tareas Administrativas: Se asigna una hora al final del día de lunes a viernes para tareas administrativas, con un enfoque especial cada día:

Lunes: Planificación semanal.
Miércoles: Inventario.
Viernes: Finanzas y revisión de gastos.

<u>Tiempo de descanso:</u> Cada noche se dedica tiempo para relajarse y estar en familia, evitando trabajar después de las 5:00 pm para descansar adecuadamente.

<u>Revisión y Ajustes:</u> El domingo se reserva una hora para revisar el progreso semanal, ajustar el plan y preparar la semana siguiente.

Ejercicio practico 2: "Planificación semanal"

Crea un horario semanal donde asignes tiempo para tareas específicas, como:

Día	Preparación de pedidos	Tareas Administrativas	Descanso	Revisión y ajustes
Lunes				
Martes				
Miércoles				
Jueves				
Viernes				
Sábado				
Domingo				

MÓDULO 3: ORGANIZACIÓN DEL NEGOCIO DE REPOSTERÍA

Sistemas para gestionar pedidos y clientes: Uso de plataformas digitales y agendas

Gestionar pedidos y atender a los clientes de manera ordenada es fundamental para cualquier negocio de repostería. El uso de **plataformas digitales** ayuda a simplificar este proceso, permitiéndote registrar y organizar cada pedido de forma eficiente. Herramientas como Google Calendar te permiten llevar un control de entregas y eventos importantes, o incluso **agendas físicas** pueden usarse para anotar detalles específicos de cada cliente. Tener un sistema digital o físico que te permita ver de un vistazo lo que tienes pendiente te ayudará a cumplir con tiempos de entrega y brindar un mejor servicio a tus clientes, reduciendo el riesgo de errores y duplicaciones.

Control de inventario sin complicaciones: Técnicas simples para tener siempre los ingredientes y materiales necesarios

Mantener un **inventario organizado** es esencial en la repostería para asegurar que siempre tengas los ingredientes y materiales que necesitas **sin excesos ni faltantes**. Técnicas simples, como revisar tus existencias semanalmente y llevar un registro en una hoja de cálculo o aplicación, te ayudan a anticipar cuándo realizar pedidos de reposición. Dividir los ingredientes por categorías (harinas, lácteos, decoraciones, etc.) facilita la visualización de lo que tienes y lo que necesitas. Además, <u>asignar un día específico para realizar compras y reposiciones puede ayudarte a mantener un flujo constante de materiales y evitar pérdidas por productos caducados o en exceso.</u>

Ejemplo: Ana organiza los datos por fecha de entrega, cliente y cantidad, lo que le permite visualizar sus pendientes de manera clara y organizada.

Cliente	Fecha de entrega	Cantidad	Descripción del pedido	Precio total	Pago realizado	Notas
Nombre del Cliente	Fecha	Número de unidades o peso (ej. 3 pasteles)	Descripción breve (ej. pastel de chocolate con decoración especial)	Precio total (ej. $500)	Sí/No (Fecha de pago)	Notas adicionales (recordatorio de entrega, estado del pago, etc.)

EXPLICACIÓN DEL FORMATO

<u>Cliente</u>: Nombre del cliente para identificar fácilmente cada pedido.

<u>Fecha de Entrega</u>: Fecha en la que se entregará el pedido.

<u>Cantidad</u>: Número de unidades o peso total según corresponda.

<u>Descripción del Pedido</u>: Detalles del pedido, como sabor, tipo de decoración, y especificaciones especiales.

<u>Precio Total</u>: Precio del pedido completo.

<u>Pago Realizado</u>: Indicar si el cliente ha pagado o no y, si es posible, la fecha del pago.

<u>Notas</u>: Espacio para agregar detalles adicionales, como recordatorios sobre la entrega, notas de último minuto o el estado de pagos.

Ejercicio practico 3: "Registro de pedidos"

Llena tu propio formato

Cliente	Fecha de entrega	Cantidad	Descripción del pedido	Precio total	Pago realizado	Notas

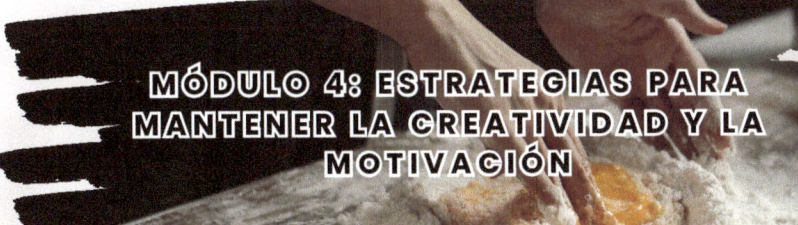

MÓDULO 4: ESTRATEGIAS PARA MANTENER LA CREATIVIDAD Y LA MOTIVACIÓN

Cómo evitar el agotamiento creativo: Técnicas para renovar la inspiración en tu repostería

El agotamiento creativo es común en la repostería, ya que mantener un flujo constante de nuevas ideas puede ser agotador. Para renovarte y seguir inspirado, es útil **explorar nuevas recetas**, probar ingredientes diferentes o buscar inspiración en otras disciplinas como el arte y la moda. Otra técnica es tomarte un tiempo para hacer repostería solo para ti, sin presiones ni expectativas. Puedes también hacer una "lluvia de ideas" mensual donde anotes cualquier concepto o diseño que te venga a la mente, sin importar si parece posible o no. Esta actividad libera la creatividad y abre la puerta a ideas frescas. Tomarse el tiempo para renovar la inspiración evitará que sientas que estás siempre en lo mismo y <u>mantendrá tu negocio innovador</u>.

Momentos para desconectar: La importancia de tomarse descansos para rendir mejor

Tomar **descansos regulares** es fundamental para evitar el agotamiento y mejorar tu rendimiento en el trabajo. A menudo, en la repostería, la carga de trabajo es alta y las horas son largas, por lo que puede ser fácil caer en la trampa de trabajar sin parar. Sin embargo, tomarse unos minutos para desconectar, dar un paseo o simplemente respirar profundo permite que el cuerpo y la mente se recuperen. Además, al desconectar, vuelves con una perspectiva renovada y, a menudo, puedes ver soluciones a problemas que antes parecían difíciles. Los descansos <u>no son una pérdida de tiempo,</u> sino <u>**una inversión** para mejorar tu productividad y mantener tu bienestar.</u>

Celebrar pequeños logros: Cómo las pequeñas victorias pueden motivarte a seguir creciendo

Reconocer y celebrar tus logros, por pequeños que sean, es clave para mantener la motivación y el entusiasmo en tu negocio. Cada objetivo alcanzado, ya sea una entrega puntual, un nuevo cliente satisfecho, o una mejora en tu técnica, merece reconocimiento. Estos momentos de celebración no solo te brindan una pausa de las responsabilidades diarias, sino que <u>te recuerdan el progreso que has logrado</u>. Puedes llevar un registro de estos logros o simplemente tomarte unos minutos al final de cada semana para reflexionar sobre tus avances. Estas pequeñas victorias <u>construyen un camino hacia metas más grandes y te motivan a seguir esforzándote y creciendo en tu negocio</u>.

Ejemplo: Sofía reserva un día a la semana solo para experimentar con nuevas recetas. Esto no solo le permite innovar, sino que la mantiene motivada y reduce el riesgo de caer en una rutina agotadora.

Esta hoja de trabajo te guiará para planificar un día dedicado exclusivamente a la creatividad, desde probar recetas nuevas hasta experimentar con presentaciones únicas. Además, te ayudará a reflexionar sobre lo que aprendiste y cómo puedes aplicar esos momentos de inspiración en tu rutina. ¡Es hora de descubrir nuevas posibilidades y darle un giro fresco a tu negocio de repostería!

Ejercicio practico 4: "Día creativo"

Planifica tu Día Creativo

Fecha del Día Creativo: _____

1. Planificación del Día Creativo

Objetivo del Día Creativo
¿Qué te gustaría lograr en este día?
(Ejemplo: Probar una nueva receta, experimentar con sabores inusuales, diseñar una nueva decoración).

Recetas a Probar
¿Qué recetas te gustaría experimentar? Haz una lista de las recetas o ideas que te inspiran:

Ingredientes Especiales
Lista de ingredientes que necesitas para tus nuevas recetas o experimentos:

Herramientas y Materiales
¿Necesitas alguna herramienta o utensilio específico para llevar a cabo tus ideas creativas? Enlistalas

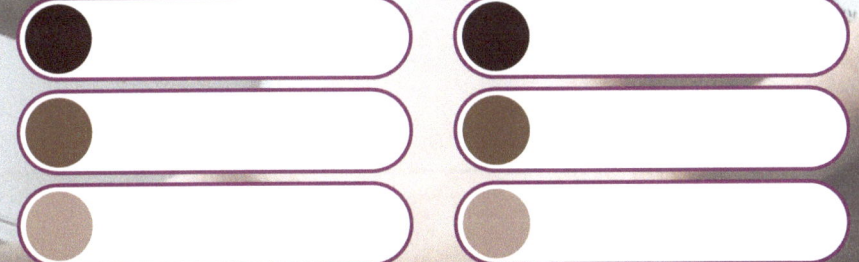

2. Ideas de Presentación y Decoración

Concepto Visual

¿Qué estilo o tema te gustaría explorar en la presentación de tus postres? (Ejemplo: minimalista, temático, inspirado en estaciones del año, etc.).

Concepto Visual: _____

Ideas para la Presentación

Anota algunas ideas para la presentación o decoración de tus creaciones:

3. Reflexión Post-Creativa

¿Cómo te Sentiste Durante tu Día Creativo?

Tómate unos minutos para reflexionar sobre cómo te sentiste al experimentar y probar cosas nuevas. ¿Qué emociones o pensamientos surgieron?

Reflexión:

Aprendizajes del Día Creativo

¿Qué descubriste hoy? ¿Hubo algo que salió mejor de lo esperado? ¿Alguna idea que puedas implementar en el futuro?

Cómo Implementar la Creatividad en la Rutina

¿Cuáles de las técnicas, recetas o ideas que probaste hoy te gustaría incorporar regularmente en tu trabajo?

Implementación:

4. Próximos Pasos

Ideas para el Próximo Día Creativo

¿Qué te gustaría experimentar la próxima vez?

MÓDULO 5: CÓMO DELEGAR Y CREAR UNA RED DE APOYO

Aprender a delegar sin perder el control: Cómo confiar tareas a otros sin sacrificar la calidad

Delegar es una **habilidad clave** para cualquier emprendedor, pero puede ser difícil confiar en que otros harán el trabajo tan bien como tú. Para lograr delegar sin perder el control de tu negocio, es importante <u>identificar tareas específicas que puedes asignar a otros</u>, como la gestión de redes sociales, la atención al cliente o tareas administrativas. Establecer sistemas claros y definir expectativas permitirá mantener la calidad en todo momento. Proporciona instrucciones detalladas, ofrece retroalimentación constante y mantén canales de comunicación abiertos para asegurarte de que quienes te apoyan entiendan tus estándares. **Delegar** no solo alivia tu carga de trabajo, sino que <u>te permite enfocarte en áreas estratégicas para hacer crecer tu negocio.</u>

Construir un equipo de apoyo: Colaboradores, proveedores y aliados que te ayuden a crecer

Un **equipo de apoyo sólido** es esencial para el crecimiento de tu negocio de repostería. Esto incluye colaboradores, como empleados o asistentes, pero también a proveedores y otros aliados comerciales. <u>Es fundamental establecer relaciones de confianza y comunicación con estos socios</u>, asegurándote de que todos comprendan tus necesidades y expectativas. Un buen proveedor te garantiza siempre los mejores ingredientes a tiempo, mientras que un equipo comprometido te ayudará a mejorar la eficiencia y mantener la calidad en el proceso de producción. <u>Rodearte de personas que compartan tu visión y estén dispuestas a colaborar</u> **será clave** <u>para avanzar en tu negocio y lograr nuevas metas.</u>

Familia y amigos como apoyo emocional: Cómo tu círculo cercano puede ayudar a equilibrar tu vida

El **apoyo emocional** es tan importante como el apoyo operativo en tu negocio. <u>Familiares y amigos cercanos pueden brindarte ese respaldo emocional que necesitas para mantener el equilibrio entre el trabajo y la vida personal.</u> Compartir tus logros, frustraciones y desafíos con tu círculo cercano te permite descargar la tensión y obtener consejos desde una perspectiva diferente. Además, tus seres queridos pueden ofrecerte su ayuda en momentos clave, ya sea echando una mano en tareas puntuales o simplemente brindándote un espacio para desconectar y relajarte. Mantener **relaciones fuertes** y <u>contar con el apoyo emocional de quienes te rodean es esencial para sobrellevar las exigencias de tu negocio sin sacrificar tu bienestar personal.</u>

Ejercicio practico 5: "Delegar tareas"

Ejemplo: Carmen solía hacerlo todo, desde la producción hasta el servicio al cliente. Después de evaluar su carga de trabajo, contrató a alguien para manejar las redes sociales. Esto le permitió enfocarse en la repostería y reducir su estrés.

Esta hoja de trabajo te ayudará a identificar las tareas en tu negocio que puedes delegar o automatizar, aliviando tu carga de trabajo y permitiéndote enfocarte en actividades estratégicas. Dedica unos minutos a analizar cada paso y completa los ejercicios.

Paso 1: Lista de Tareas Actuales

Anota todas las tareas que realizas en tu negocio actualmente. Sé específico/a; incluye tanto las tareas diarias como las semanales y mensuales.

Ejemplo:
1. Preparación de pedidos
2. Administración de redes sociales
3. Atención al cliente
4. Control de inventario
5. Gestión de cuentas y facturas

Paso 2: Identifica Tareas a Delegar o Automatizar

Revisa la lista anterior e identifica cuáles tareas podrían ser delegadas a otra persona o automatizadas mediante herramientas digitales. Haz una marca al lado de aquellas tareas que podrían ser realizadas por un asistente, un familiar o mediante una aplicación o software.

Ejemplo:
1. *Administración de redes sociales(Delegar)*
2. *Control de inventario(Automatizar con app)*
3. *Gestión de cuentas y facturar(Automatizar con software)*

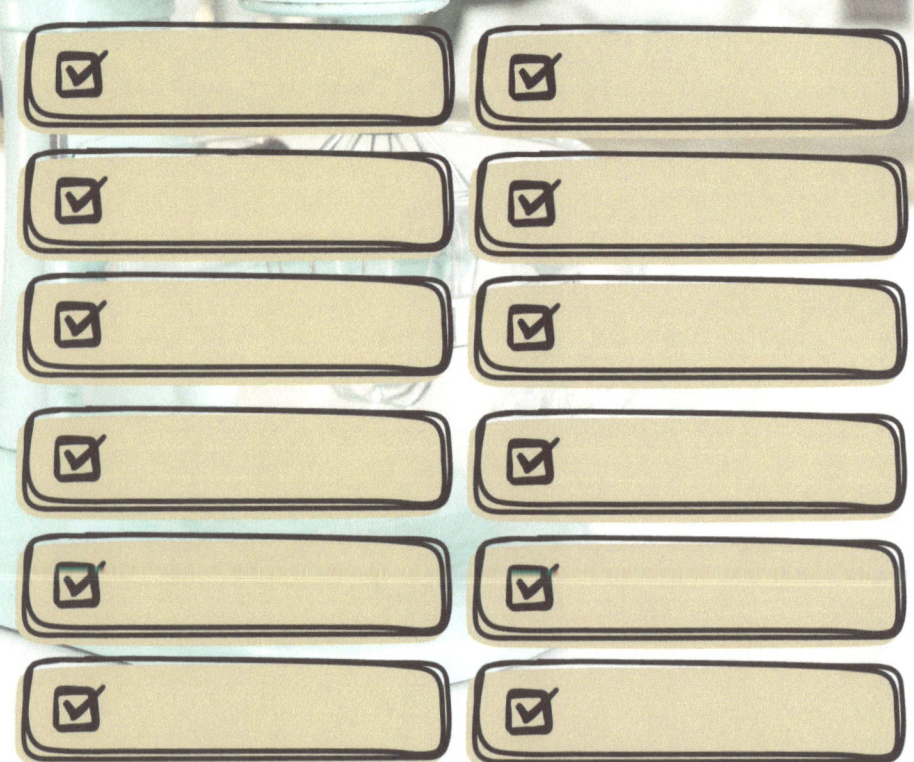

Paso 3: Selección de Tareas para Delegar
Elige dos tareas de tu lista para delegar la próxima semana. Escribe a quién se las asignarás y cómo le explicarás las instrucciones y expectativas. Este podría ser un asistente virtual, un proveedor o alguien de confianza en tu entorno.

Ejemplo:
1. _Tarea:_ Administración de redes sociales
Asignado a: Asistente virtual
Instrucciones: Crear y programar publicaciones tres veces por semana siguiendo el calendario de contenido y responder mensajes de manera amable y oportuna.

TAREA 1:
Asignado a:
Instrucciones:

TAREA 2:
Asignado a:
Instrucciones:

MÓDULO 6: BIENESTAR PERSONAL PARA EMPRENDEDORES

Cuidado personal para evitar el agotamiento

Mantener la **energía** es esencial para cualquier emprendedor, y esto requiere una rutina de cuidado personal. La **salud física y mental** puede fortalecerse con hábitos sencillos, como una alimentación equilibrada, ejercicio regular y tomar pequeños descansos a lo largo del día. Realizar caminatas cortas, tomar agua y reservar un tiempo diario para actividades recreativas pueden ser rutinas que, aunque simples, son poderosas para prevenir el agotamiento. Cuando tu cuerpo y mente están cuidados, eres **más resiliente** y capaz de manejar los desafíos del día a día.

La importancia del descanso

Dormir bien y permitirte **relajarte** son fundamentales para el éxito a largo plazo. Una buena noche de sueño restaura la mente y el cuerpo, ayudando a mejorar la concentración, el estado de ánimo y la creatividad. Cuando no descansamos lo suficiente, nuestra toma de decisiones se ve afectada y la productividad disminuye. Además, destinar momentos del día para relajarse, como pausas breves o prácticas de respiración profunda, permite un reseteo que incrementa la eficiencia y la motivación en el trabajo.

Estrategias para reducir el estrés diario

Incorporar prácticas de bienestar, como la **meditación**, ayuda a reducir el estrés y la ansiedad. Estos ejercicios <u>te permiten enfocarte en el presente y tener una mayor claridad mental</u>, lo cual es especialmente útil cuando hay múltiples tareas y responsabilidades. Otras estrategias pueden incluir llevar un **diario** para plasmar tus pensamientos, hacer pausas activas o incluso probar la **aromaterapia** en casa o el espacio de trabajo. Estas técnicas no solo mejoran la calidad de vida sino que, con el tiempo, <u>refuerzan tu capacidad de mantenerte sereno en cualquier situación.</u>

Ejemplo: María notó que estaba agotada al final de la semana. Implementó una rutina de meditación de 10 minutos antes de comenzar a trabajar y dedicó 30 minutos diarios para caminar. En poco tiempo, se sintió con más energía y claridad mental.

Ejercicio practico 6: "Cuidado personal"
Establece 3 acciones diarias simples para cuidar de ti

Ejemplo: tomar agua, meditar, hacer ejercicio, etc

Crea una tabla de seguimiento para asegurarte de cumplir esas acciones durante la semana.

Acciones diarias	Lunes	Martes	Miércoles	Jueves	Viernes	Sábado	Domingo

Reflexiona al final de la semana sobre cómo se sienten después de implementar esas rutinas.

MÓDULO 7: PLAN DE ACCIÓN

Para implementar todos los conocimientos y estrategias adquiridas, es clave tener un **plan de acción claro** y práctico. Este plan debe incluir pasos específicos y alcanzables, organizados de acuerdo con tus prioridades y plazos realistas. Puedes empezar identificando **metas concretas**, como reducir el tiempo dedicado a tareas administrativas o reservar más momentos para tu vida personal. Luego, establece pasos para cada objetivo, designando fechas y recursos necesarios. Al tener un esquema claro, <u>podrás ver tu progreso de manera tangible</u>, lo que te motivará a continuar avanzando hacia el equilibrio deseado.

Evaluación y ajuste de tus hábitos

La **autogestión** es un proceso continuo, y para lograr resultados duraderos, es importante evaluar periódicamente tus hábitos. Dedica tiempo a revisar tus avances y analiza cuáles estrategias han funcionado y cuáles necesitan ajustes. Si notas que ciertas áreas siguen siendo un desafío, adapta tu enfoque o prueba nuevas herramientas. <u>Establecer una rutina de revisión semanal o mensual te ayudará a mantener el equilibrio en el tiempo.</u> Al hacer pequeños ajustes sobre la marcha, optimizarás tu rutina, permitiéndote mantener el equilibrio entre vida y trabajo sin sacrificar tu bienestar.

Ejemplo: Juan se sentía abrumado con las múltiples responsabilidades de su negocio y vida personal. Decidió crear un plan de acción dividiendo sus tareas por categorías (personal, negocio, social) y asignándoles prioridades. Esto le ayudó a enfocarse en lo importante y dejar de sentirse agobiado.

Ejercicio practico 7: "Plan de acción"

<u>Objetivo:</u> *Crear un plan de acción práctico y eficiente que permita alcanzar tus metas clave en las próximas 4 semanas, dividiendo cada meta en pasos accionables y evaluando tu progreso semanalmente.*

Paso 1: Define tus Metas Clave

Escribe tus 3 metas principales para las próximas 4 semanas. Estas deben ser concretas y específicas para que puedas medir tu progreso.

Paso 2: Divide Cada Meta en Pasos Accionables

Para cada meta, escribe los pasos específicos que necesitas realizar para alcanzarla. Estos pasos deben ser realistas y detallados para que puedas cumplirlos en el tiempo estimado.

Meta 1

Paso 1:

Paso 2:

Paso 3:

Meta 2

Paso 1:

Paso 2:

Paso 3:

Meta 3

Paso 1:

Paso 2:

Paso 3:

Paso 3: Evaluación Semanal
Cada semana, reflexiona sobre tus avances y haz ajustes si es necesario.

Semana 1

¿Qué pasos completaste?

¿Qué desafíos encontraste?

¿Qué ajustarás para la próxima semana?

Semana 2

¿Qué pasos completaste?

¿Qué desafíos encontraste?

¿Qué ajustarás para la próxima semana?

Semana 3

¿Qué pasos completaste?

¿Qué desafíos encontraste?

¿Qué ajustarás para la próxima semana?

Semana 4

¿Qué pasos completaste?

¿Qué desafíos encontraste?

¿Qué ajustarás para la próxima semana?

Paso 4: Reflexión Final

Al final de las 4 semanas, reflexiona sobre tu progreso:

¿Lograste tus metas? ¿Por qué sí o por qué no?

¿Qué aprendiste de este proceso?

¿Qué harías diferente en el futuro?

Gracias por acompañarnos en este viaje a través de Nana Factory. Esperamos que este ebook haya sido una guía útil y que cada módulo te inspire a construir un negocio de repostería equilibrado y lleno de propósito. Recuerda que emprender es un camino único, lleno de retos y satisfacciones, y que cada pequeño avance cuenta. Sigue trabajando en tu pasión, cuida de ti misma, y no olvides celebrar cada logro. ¡Mucho éxito en esta dulce aventura!